Bibliografische Information der Deutschen Nationalbibliothek: Die Deutsche Nationalbibliothek verzeichnet diese Publikation in der Deutschen Nationalbibliografie; detaillierte bibliografische Daten sind im Internet über dnb.dnb.de abrufbar.

© 2017 Julia Bonk

Herstellung und Verlag:
BoD – Books on Demand, Norderstedt

ISBN: 9783743178557

Sagen was ist
Vom Zwinkern und Antworten

Julia Bonk

Vorwort

Das Leben besteht aus der Spannung zwischen jetzt und dem nächsten Moment. In der Kindheit sind wir ganz eins mit dem Moment; jemand anders hat den nächsten Moment für uns im Blick. Im Erwachsenwerden übernehmen wir diese einzige Dualität, die es gibt, selbst und verfügen über Zukunft, Vergangenheit und Gegenwart. Jeder Blick nach vorn und in die Vergangenheit ist immer in der Gegenwart geworfen. Wir sind reine, wandelnde Gegenwart. Und so hole ich im folgenden einige der Erlebnisse meines Lebens zurück in den Moment und spreche von ihnen, wie sie jetzt gerade sind. Es ist, als potenziell in der Öffentlichkeit Aufgewachsene, Teil meines Lebens, immer den anderen, die Kollektivität mit im Blick gehabt zu haben. Für mich war immer ein Thema, wie ich mich zur Kollektivität stelle. Einiges von dem, was ich mir überlegt habe, gebe ich nun weiter, ans Licht.

„Blüht jede Weisheit auch und jede Tugend zu ihrer Zeit"

(Jugend und Institutionenaufbau)

Alles hat seine Lebensspanne, das entnahm ich dem Gedicht „Stufen" von Hermann Hesse. Es war ein Frühsommerabend, ich war noch blond, also etwa zwölf Jahre alt und es war kurz bevor alles beginnen würde. Das fühlte ich damals schon. Ich lernte das Gedicht bei einem Ausflug mit der Familie in die Dresdner Altstadt, den wir auf diese Weise auch nur einmal gemacht haben, auf der Brühlschen Terrasse bei untergehender Sonne mit Blick auf die Elbe. Ich traf die Wahl, es zum Kompassgedicht meines Lebens zu machen; ich hatte schon viele Gedichte gelernt, die ich liebte; dieses sollte das erste unter ihnen sein und ist es bis heute. So hat jedes die Zeit seiner Blüte. Für mich begann eine wunderbare. Es fing an, dass ich die Verantwortung für den nächsten Moment selbst übernahm.

Ich habe gesehen, wie sich Menschen einer Gegenwart als einzige Möglichkeit überantworten. Doch es haben auch die Institutionen eine Zeit, in der sie lebendig sind: nach meiner Auffassung eine Generation von Akteur*innen, und so hat es auch Hannah Arendt unter Bezug auf Thomas Jefferson formuliert; dass jede Generation sich ihre Institutionen neu gründet. In der zweiten Hälfte des 20. Jahrhunderts ist das anhand der Trias 1945-1968-1989 nachvollziehbar. Jede dieser Gründungen läuft in ihren eigenen Besonderheiten, Rationalitäten ab und ist als solche historisch zu verorten, wozu noch manches zu sagen sein wird. Vor allem steht die Frage, wo wir heute stehen, wenn die Neugründung seit einigen Jahren auf sich warten lässt. Mindestens Stagnation ist das Ergebnis. Denn nach der Dauer einer Generation setzt aus meiner Sicht ein interessanter Effekt ein: nicht die Personen prägen mehr die Institutionen, vielmehr fangen die

Institutionen an, die Personen zu prägen. Das geschieht, indem die Menschen sich den Strukturen anpassen, als gäbe es keine Alternative zu ihnen – die es immer gibt. Das ist korrumptiv. Damit geht Souveränität verloren.

Es gibt heute einen massiven Vertrauensverlust in die Politik: es gibt einen Mangel an Bezug. Ausdruck von Lebendigkeit ist Rückmeldung. Die kommt zwischen Bürger*innen und Politiker*innen nicht zustande, was maßgeblich an den Einrichtungen des Parteiensystems liegt. Es ist nicht verwunderlich, dass die erste Loyalität des politischen Personals den Parteien gilt, wenn diese es doch rekrutieren, statt den Bürger*innen. Hier liegt eine Schieflage, die ich als Loyalitäts-Legitimitätslücke bezeichne. Es handelt sich hier um eine Kritik auf mehreren Ebenen: zum einen sind die Institutionen zu kritisieren, weil sie sich überlebt haben und, in ihrer vermeintlichen Alternativlosigkeit, korrumpierend aufs politische Personal wirken. Je länger die Institutionen bestehen, desto mehr haben sie einen Prägeeffekt auf die, die in ihnen wirksam sind. Die wachsen mit ihnen auf, orientieren sich an ihnen. Sie stehen für sie nie mehr mit einem grundlegend anderen in Abgleich, das heißt sie haben ihre Daseinsberechtigung nur aus sich selbst heraus, nie weil ein Grund für sie gesprochen hat. Das engt die Akteur*innen ein. Sie shapen sich auf die Institution hin, begegnen ihr nicht in der Unabhängigkeit von jemandem, der die Wahl hat. Anders gesagt, auch Institutionen haben ein Alter und irgendwann ist es für sie Zeit, einiges von dem, was ihnen eigen war, weiter und anderem in der Welt Raum zu geben. In den ersten Jahren wird die Gründung einer Generation politischer Akteur*innen von den Bürger*innen affirmativ getragen. Wenn die Erneuerung ausbleibt, fehlt es auch an Bezug. Zum anderen ist es eine inhaltliche, programmatische Kritik an der Vorrangstellung der Parteien.

Bürger*innen, wenn man mit ihnen spricht, sagen dass Politiker*innen nicht ihre Interessen vertreten würden, sondern, so geht die Unterstellung exakt, nur ihre eigenen. Gefragt danach, welche Ursachen das Verhalten von Politiker*innen aus Sicht der Bürger*innen hat, sagen die, es wäre der Wunsch nach persönlicher Bereicherung der Politiker*innen. Gier. In der Tat ist es nicht akzeptabel, dass Übergänge aus verantwortlichen politischen Positionen in Unternehmen sich unmittelbar vollziehen. Sperrfristen von mindestens einem Jahr, wie sie transparency fordern, sind das Mindeste, das zu verwirklichen keine Schwierigkeit darstellt.

Aus meiner Sicht gibt es noch einen anderen Effekt: es läuft so ab, dass die Rationalitäten der Institutionen wirksamer sind als die Rationalitäten, die die Menschen in die Institutionen bringen, weil die Institutionen so lange ohne grundlegende Transformation bestehen. Zur Zeit gibt es die Idee, dass persönlicher Erfolg sich in persönlichem Wohlstand ausdrückt. Es ist das im Imaginären Hinterlegte, das ausmacht, wie wir uns auf die Gemeinschaft, also auf die Emergenz, die Ganzheit hin, stellen. Warum hat Wladimir Putin so viel Vermögen? Es liegt daran, dass er sich in einer Welt bewegt, in der das Ansammeln von Vermögen als Ausdruck des Erfolgs angesehen wird. Es ist Ausdruck einer zutiefst liberalen Ordnung der Welt. Der Liberalismus bringt die Idee, dass Verwirklichung von Glück mit dem Erlangen materiellen Wohlstands zu tun hat, in die Welt, weil er die Grundfreiheiten ans Eigentum bindet. Das können wir heute sehen: Grundrechte derer werden heute – im globalen Maßstab - aktiver geschützt, die Wohlstand haben. Der Liberalismus mit der Grundidee der Würde der Person, also ihrer unaufhebbaren Irreduzibilität, hat wichtige Aspekte für den Aufbau unseres Gemeinwesens beigetragen, von denen einige aus meiner Sicht der Emergenz, also der Ausbildung einer gemeinsamen Ordnung, in der das Ganze mehr ist als die Summe der Teile, förderlich sind. Es geht darum, Aspekte des Liberalismus beizubehalten und zu einer Bürger*innendemokratie zu kommen.

Die Idee von Grundrechten formuliert den Status der Person als grundsätzlich unverfügbare aus. Aber das alles ans Privateigentum zu binden, nimmt eine Menschenbildannahme zur Grundlage, in der Menschen zum einen materiell und zum anderen raffgierig sind. Beides ist nicht unbedingt wahr und die Frage ist, was es uns bringt die Welt so zu sehen und ob es nicht Alternativen gibt, deren Folien uns eine wünschenswertere Wirklichkeit ermöglichen. Das findet alles im Imaginären, wie Castoriadis es beschreibt, statt, ein wichtiger Punkt meiner Doktorarbeit. Das Grundgesetz schützt das Eigentum. Doch es liegt an uns, auch das Grundgesetz zu ergänzen indem wir etwa definieren, welches Eigentum geschützt ist – und so die Multivermögen ausschließen.

Es sind immer alle Rationalitäten, die in der Welt sind, gleichzeitig wirksam. Auf den ersten Blick irrational wirkt, was sich zur Zeit anhand der Verhandlung der internationalen Freihandelsabkommen vollzieht. Es ist Anlass für weitere Entfremdung zwischen Bürger*innen und politischem System, wenn Regierungen ihre eigene Handlungsunfähigkeit herbei verhandeln, wenn politische Regulation zum Wettbewerbsnachteil degradiert wird, für den Unternehmen vor Schiedsgerichten Schadenersatz einfordern können. Das entspricht einer Entdemokratisierung, einer Entmachtung des Souveräns in hohem Maße. Es ist die Frage, ob in Regierungen eigene Rationalitäten wirken, an denen die Interessen großer Unternehmen einen hohen Anteil haben. Das wäre eine andere Erklärung für das Handeln der Regierungsvertreter*innen, als persönliche, auf eine anschließende Wirtschaftskarriere abzielende Raffgier. Nebenbei gesagt ist die historische Mission der Sozialdemokratie zum letzten Mal vorbei, wenn und da sie das verabschiedet.

Indem die Bürger*innen den Politiker*innen materielle Interessen und Habgier unterstellen, handeln sie ganz rational – eine Rationalität ausführend – als Bürger/innen in einer liberal grundierten Gesellschaftsordnung. Ich sage, es gibt andere Faktoren des Glücks von Menschen, die maßgeblich sozialer Art sind: es kommt darauf an, dass sich alle Aspekte des Selbst verwirklichen, dass es zu Rückmeldung, zu Kontakt kommt. Es ist wichtig, dass wir das Glück und nicht nur seine Verfolgung zum zentralen Ziel der politischen Ordnung machen. Glück und seine Grundlagen als etwas, worauf alle Anspruch haben und das eine alternative Entwicklung zum Wachstumsparadigma des Kapitalismus bietet. Die UNO hat das schon gesehen, als sie den 20. März eines jeden Jahres zum Tag des Glücks erklärt haben und es zum Ausgangspunkt einer anderen sozioökonomischen Entwicklung nehmen wollen. Die Glücksstudien der Welt zeigen, dass Glücksgefühl nicht mit materiellem Wohlstand zusammen hängt. Die Aspekte des Menschen sind nicht materiell, sie sind informativ.

Wenn es um Rückmeldung zwischen Bürger*innen und Politiker*innen, um periodische Neugründung und

Souveränität geht, geht es um die Vitalität der Institutionen. Indem die Menschen den Institutionen gegenüber den Eindruck haben, es gäbe nur diese eine Option, verschreiben sie sich ihr, ohne sie zu prüfen. So geht Selbstverwaltung verloren, Lebendigkeit. Denn zur Lebendigkeit gehört, alle an das eigene Leben gestellten Fragen selbst zu beantworten. Zur Lebendigkeit gehört Indeterminiertheit, in alten Begriffen könnte man sagen Unabhängigkeit. Ein Teil ihrer ist das Wissen, dass alles zur Wahl steht. Wo die Menschen das in Bindung an die Institutionen nicht leben, verlieren die Institutionen ihre Vitalität, weil die Menschen sich angepasst haben. Weil die Institutionen schon so lange da sind. Denn die politische Ordnung lebt sich auch in ihrer konkreten Verfasstheit heute als auf eine Ewigkeit ausgelegt, die wir sonst in den Formen der sozialen Bindung nicht haben. Sich ein für alle mal auf Grundsätze zu einigen, wie das etwa mit einem Grundgesetz die Möglichkeit ist, geht aus meiner Sicht in Ordnung: hier geht es um die Grundlage des Gemeinwesens. Aber wie wir unsere

Kommunikation und Entscheidungsfindung organisieren, das braucht die Bewusstheit einer Offenheit in der Form. Es ist wichtig, dass Politiker*innen das verstehen, wenn sie ehrlich an Resonanz mit der Bevölkerung interessiert sind. Denn es ist wünschenswert, dass eine Bewegung zum Wandel des politischen Systems von allen Akteur*innengruppen in ihm mitgetragen wird.

Übergänge finden innerlich statt und haben äußerlich Ausdruck. Es fing an, als ich mir mit 13 die Haare zum ersten Mal färbte. Ich fuhr alleine nach Berlin zu Besuch und wurde im Gespräch auf 18 geschätzt. Ich nahm schon damals weit gehende Autonomie für mich in Anspruch. Meine Kleidung war anders, ich wählte sie selber aus. 12/13, das war eine tolle Zeit. Mit Freundinnen, Freunden und vielen Vorhaben. So gibt es Zeiten, in denen sich Neues vorbereitet. Es ist heute Zeit, die vielen Ansätze einer alternativen Sozialität ernst zu nehmen und die Kritik an den Institutionen nicht den Nationalisten und

Pseudotraditionalisten zu überlassen, denen die gleiche Würde der Menschen nicht Ausgangspunkt ihres Handelns ist. Das hat zuletzt die Wahl von Trump in den USA gezeigt.

Wie kann die Neugründung vor sich gehen? Die Revolution ist nicht genug. Das hat die Geschichte gezeigt. Wir wollen keine gewalttätigen Umbrüche. Ja, es kann und wird über institutionellen Wandel gehen, wenn wir im politischen Imaginären, dem Archiv gemeinsamer Ideen, für ein neues gemeinsames Set eintreten. Der Stellenwert der direkten Beteiligung kann mehr werden, wenn Menschen sie einfordern. Dazu ist zu sagen, dass das auf Mehrheitswahl basierende Referendum noch nicht das teuerste Mittel der Beteiligung sein kann, weil es lediglich ein statistisches Mittel bildet: eine Ebene, auf der Emergenz sich entfalten kann, ist damit noch nicht gebildet. Das ist das aus meiner Sicht einzige bekannte politikphilosophische Argument zur Begründung von Repräsentation. (Ein solcher Effekt träte auch ein, wenn es auch beim Referendum ein Konsensprinzip geben würde.) Was wir brauchen, ist die Bereitschaft der politischen Klasse den Institutionenwandel als Möglichkeit zu denken und ihn mitzugestalten; und eine Gesellschaft, die ihn einfordert: mit der Entwicklung konkreter Alternativen und Initiativen.

Das Ziel ist, dass wir in den Zustand der Emergenz kommen. Dafür ist es nötig, dass Rückmeldung stattfinden kann. Lebendigkeit ist Rückmeldung. Das ist so bei der Zelle, bei der Ameisengesellschaft, bei Menschen in ihrer Gesamtheit. Emergenz ist ein Zustand und eine Kraft. Es ist ein elementares Prinzip wie die Gravitation, das immer wirkt. Emergenz braucht Rückmeldung von der Down-Ebene an die Top-Ebene und umgekehrt. Sie ist davon gekennzeichnet, dass Dimensionen hinzutreten, die ohne die Ganzheit nicht da wären. Es ist auch möglich in Submergenz zu geraten: das ist, was wir jetzt im politischen System sehen, dass das Ganze weniger ist als die Summe seiner Teile, wenn Dimensionen fehlen. Dann kommt es dazu, dass Lebendigkeit unterdrückt wird, dass jedes etwa bei sich die Haltung hat, ach besser wäre es doch ohne (und dann macht keiner mit). Und die die mitmachen, sind auch nicht in ihrer vollen Lebendigkeit, weil sie nicht in Rückmeldung sind zu denen, die sie vertreten. Emergenz im politischen System bringt Dimensionen hervor, die ohne die Ganzheit nicht da wären: Zugehörigkeit ist eine ganz offenkundige dieser Dimensionen, und Sinn. Nach meiner Auffassung ist aber auch Zufriedenheit eine, weil wir nur in der Emergenz unsere Lebendigkeit verwirklichen.

Sagen, was ist, ist: Das politische System leistet das heute nicht, weil die Parteien von der Bevölkerung getrennt sind. Die Parteien orientieren sich an der Bevölkerung – statt ihre eigene Programmatik zu entwickeln – und sind dabei doch nicht inhärent mit ihr verbunden. Mit dem Wegfall des historischen Milieuwesens ist eine solche Bindung nicht mehr gegeben. Was wir sehen, ist demoskopische Politik. Wenn man die Entwicklung der Wahlbeteiligung in der Bundesrepublik historisch betrachtet, sieht man, dass auch Institutionen eine Anlaufzeit haben, und dann haben sie eine Dauer. Es ist auffällig, dass seit der Vereinigung die Wahlbeteiligungen so niedrig sind, auch in den Bundesländern der alten Bundesrepublik. Das legt nahe, dass die Weise, wie die Vereinigung abgelaufen ist, von der Bevölkerung nicht goutiert worden ist. Es war eine Neugründung, aber exekutiv dominiert, in der andere Akteur*innen des politischen Systems gar nicht mitwirken konnten. Sich der Wahl zu enthalten, ist Ausdruck entwickelter Distanz gegenüber den Institutionen. Irgendwo während der Vereinigung hat ein Bruch von 20% der Bürger*innen mit den Institutionen statt gefunden. Gerade in Ostdeutschland hat sich bei vielen nie eine Nähe entwickelt. Aus meiner Sicht lässt sich sagen, dass das autoritative, elitäre Vorgehen bei der Vereinigung – weil der historische Moment genutzt werden sollte – viel gekostet hat, aus heutiger Sicht zu viel.

Denn es gab keine Zeit für Debatten in der Gesellschaft, für Rückmeldung an die Verbände und Beteiligung von Initiativen. So kam es zu einer Lücke zwischen Bürger*innen und den Institutionen, die bis heute besteht und Teil der Krise der politischen Repräsentation ist.

Es ist Zeit für einen grundlegenden institutionellen Wandel, auf Basis der Ideen, auf die man sich geeinigt hat, wie die Unantastbarkeit der Würde. Er ist auf Basis unserer Grundlagendokumente, der Allgemeinen Erklärung der Menschenrechte und des Grundgesetztes, möglich. Er kann sein und es ist nötig dass er grundlegend ist. Sonst bekommen wir die Vitalität im System nicht zurück. Es ist eine echte Herausforderung und wäre Ausdruck großen Reichtums an Gemeinsamkeit, wenn wir die Institutionen nicht einfach schleifen, wenn sie im schlechtesten Fall irgendwann wechseln, sondern wenn wir sie weiter entwickeln, weil wir wissen, dass die Grundlagen Errungenschaften sind: die Idee der Würde, das Ziel der

Entfaltung, das Recht auf Glück. Wer will das aufgeben? Aber wir wissen, auch mit Niklas Luhmann, dass Wandel immer statt findet: ist es dann nicht klug, ihn zu gestalten? Das ist was Luhmann sagt. Wir brauchen die Bereitschaft im politischen System zu seiner eigenen Transformation.

Going with the stars

(Die Kraft der Selbstverwaltung)

In der achten Klasse kamen wir ins Haupthaus des Romain-Rolland-Gymnasiums, ein Jahre her als die anderen unseres Jahrgangs: Die Oberstufe hatte begonnen. Weil ich schon immer Klassensprecherin gewesen war, kannte ich D. vom Schülerrat. Er war Schülersprecher gewesen und in dem Jahr, in dem ich in die achte Klasse kam, kandidierte er nicht mehr. Ich war neugierig und engagiert und so kam es dazu, dass er mich zum Stadtschülerrat mitnahm, wo er aktiv gewesen war und er war es auch, der vorschlug, dass ich Schülersprecherin der Ro-Ro werden sollte. Eine Achtklässlerin, jüngste Klasse im Haus. Ich wurde gewählt - die Leute haben gekuckt. Das war nicht das erste Mal, dass ich exponiert war, aber ein heftiges. Beim Stadtschülerrat standen Vorstandswahlen an und ich wurde gewählt. Ich hatte eine Rede gehalten über die gesamten Missstände im Schulwesen, zu große Klassen, veraltete Lehrbücher, zu wenig Mitbestimmung. Es war eine tolle Zeit, die da begonnen hatte.

Unsere erste Aktion fand statt anlässlich des Geburtstages von Kurt Biedenkopf. Sein nahezu royaler Status im Freistaat wurde dadurch unterstrichen, dass die goldene Krone auf dem Dach der Staatskanzlei erst nach der Wende aufgebracht worden war. Zu der Zeit waren auch Lehrer*innen unterstützend im Stadtschülerrat dabei. Unsere rebellische Grundhaltung fand darin Ausdruck, dass wir mit dem Geschenk ein vermeintliches Kompromissangebot setzten: wir schenkten als Stadtschülerrat das Buch „Ich bin o.k. - Du bist o.k.: Wie wir uns selbst besser verstehen und unsere Einstellung zu anderen verändern können". Wir spielten damit auf den aus unser Sicht minder ausgeprägten Status unserer Anerkennung an. Das Büro war in einem abgelegenen Schulgelände irgendwo am Stadtrand kurz vor Gorbitz, der Stadtschülerrat hatte kaum Budget und unsere politische Anerkennung ließ noch einiges wünschen. Wir forderten, in allen uns betreffenden Fragen einbezogen zu werden. Das bezog sich grundsätzlich auf jede Frage, besonders aber auf die in den Tagen viel Aufsehen erregende Schulnetzplanung. Immer standen Schulen zur Schließung an, wobei die Beteiligten vor Ort nicht einbezogen waren. Wir waren wütend über die Zustände und mangelnde Einbeziehung. Auch wollten wir vor allem Schulstandorte erhalten. Herrn Biedenkopf haben wir an dem Tag in der Staatskanzlei nicht gesehen, aber unsere Aktion schaffte es in die Zeitung.

Von da an hatte ich regelmäßig Sitzungen und Termine. Es gab keine familiäre Zeitplanung mehr, meine Termine setzte ich allein und es gab mit der Schüler*innenvertretung eine starke Kraft außerhalb von Familie und Schule im originären Sinn, die mein Leben strukturierte. In der Zeit stand ein Erlebnis an, das erste Millennium seit 1000 Jahren und das erste Silvester, das ich allein verbringen würde.

Es wurde ein großartiges Silvester, mit Freund*innen unterwegs und voller Spannung. Ich war so glücklich, gerade im Jahr 2000 das erste Mal allein Silvester zu erleben, Jugendweihe zu haben. Mehr als äußerlicher Kult, war die Jugendweihe ein herbei gewünschtes Entwicklungserlebnis. Ich tanzte an Silvester bei meiner Freundin Linda zuhause heftig zu „I will survive", wie ich es heute, nachdem ich das Lied so oft gehört habe, nur noch selten tue, und dann ging's ab auf die Straße zu den vielen Menschen. In dem Jahr hatte ich meinen ersten Freund, den ich auch bald meiner Familie vorstellte. Nicht nur war ich glücklich, ich war auch mit Ansage in einigen Nächten nicht zuhause. Der Status weitgehender Selbstverwaltung war erreicht.

Da war noch die Schulpflicht. In der Schule war es spannend geworden, seit ich polarisierend gegenüber der Regierung in der Öffentlichkeit auftrat. Die Lehrer*innen lasen ja auch Zeitung. Als es zu einer Änderung des Schulgesetzes etwa kommen sollte, dernach es als Disziplinierungsmaßnahme möglich sein sollte, Schüler*innen für bis zu zwei Wochen vom Unterricht auszuschließen, starteten wir eine Kampagne „Wirf mich von der Schule": „Ich hab keine Hausaufgaben – wirf mich von der Schule!", „Ich komme zu spät – wirf mich von der Schule!" und ich trug „Ich bin vorlaut – wirf mich von der Schule!" Mein Modell des Agierens auf Augenhöhe fand Unterstützung bei der Hälfte der Lehrer*innenschaft, Ablehnung bei der anderen; auch wenn die mich auch grundlegend anerkannten. Aber auch in der Schule gab es immer die Möglichkeit, für einen Termin der Schüler*innenvertretung vom Unterricht frei gestellt zu sein. Für Selbstverwaltung, für Souveränität ist es aus meiner Sicht nötig, total über die Bedingungen der Begegnung zu verfügen. Daraus resultiert ein grundlegendes Konsens- und Einwilligungsprinzip als Grundmodus der Sozialität: die Gemeinschaft hat nicht das Recht, in die Entitäten der Personen einzugreifen, außer die sind explizit damit einverstanden. Natürlich hat das weit gehende Folgen. Weniger miteinander zu entscheiden, ist sicher eine Folge einer solchen Einrichtung der Gesellschaft. Dass aber auch nur die Stimme eines Einzelnen die Verwendung von Atomkraft aussetzen kann, finde ich eine ermutigende Idee. Das wäre dann meine. Das Versprechen zur Selbstverwaltung gilt: Wer aus seiner Kraft lebt, hat Verwirklichung und stillen Eid.

Letztlich können wir unsere Souveränität nur leben, wenn wir auch die Produktion der Lebensgrundlagen in

Selbstverwaltung regeln. Das ist, was heute mittels des Konzeptes der Erwerbsarbeit organisiert ist. Nach meiner Vorstellung kann der Übergag zur Produktionsdemokratie nur über eine Vergemeinschaftung des Eigentums an den Produktionsmitteln gehen. Das ist auch auf Basis des Grundgesetzes möglich.

Von da an hatte ich Sitzungen, mehrere jede Woche, das Stadtschülerratstreffen und zum Beispiel Bündnisse, in denen man noch war. So hat der Stadtschülerrat sich immer in die Mobilisierung zur Kritik des Gedenkens in Dresden eingebracht. Wir waren auf Demos gegen rechts dabei. Wir haben viel Bündnisarbeit gegen Schulschließungen gemacht. Zusätzlich haben wir unsere eigenen Strukturen aufgebaut, über Schüler*innenrechte informiert und die Schüler*innen politisch vertreten. Ich wurde bald Vorsitzende des Stadtschülerrates. Auf der ersten Delegiertenkonferenz des Landesschülerrates, an der ich wenige Monate nach Beginn meines

Engagements teilnahm, wurde ich zur stellvertretenden Vorsitzenden gewählt. Ich hatte die ganze Zeit in unserer gemeinsamen Dresdner Manier für eine starke Kritik an der Regierung geworben, also mit viel Kraft die Missstände im Bildungswesen kritisiert. Es gelang uns, ein Büro für den Stadtschülerrat im Rathaus zu erwirken. Wir fanden die Idee angemessen und nach einiger Zeit wurde es Wirklichkeit, und zwar nach der Wahl Ingolf Rossbergs, ein Intermezzo der Dresdner Stadtgeschichte. Wir hatten einen Raum, aus dem wir – am Rathaus – auch immer Transparente heraus hängen ließen. Die Errungenschaft zu feiern, luden wir zu einer Bottleparty: denn der Stadtschülerrat hatte ja für so was kein Budget und wir hatten alle gerade erst davon gehört und fanden die Idee klasse. Der Ausländerrat brachte Cous Cous-Salat, die GEW brachte Brötchen: es war sehr schön, gemeinschaftlich und feierlich.

Die Zeit in der Schüler*innenvertretung hat mir mitgegeben, dass es sich lohnt, sich für Ziele einzusetzen. Und dass es einen ganz besonderen Geschmack hat, wenn man es in Selbstverwaltung tut.

D. hat kein Abitur gemacht. Wegen Fehlstunden und fehlender Leistungen hat er nicht an den Prüfungen teilgenommen. Das ist mehreren Aktivist*innen so gegangen, von denen ich weiß. Sie sind angeeckt und hatten Lehrer*innen als Ansprechpartner*innen, die sie nicht unterstützt, sondern das Anecken als Anlass zur, ja, schulischen Vernichtung genommen haben. Da werden dann Leistungsüberprüfungen über Zeiträume angesetzt, die nicht für alle gut zu meistern sind. Ich weiß von drei Schülervertreter*innen, bei denen das so gegangen ist. Ich hatte immer Glück.

„Auf einem Wahlplakat würde Julia sich gut machen"

(Selbst erfüllende Prophezeiungen)

Sobald eine Idee in der Welt ist, hat sie einen Wirklichkeitsgrad. Ich war auch im Landesschülerrat sehr aktiv. Zum Beispiel gab es damals ein großes an allen sächsischen Schulen ausliegendes Jugendmagazin, und unter meiner Federführung entwickelten wir eine Zusammenarbeit mit denen, durch die wir an allen Schulen präsent waren. Wir gaben eine ganze Beilage über die Anliegen des Landesschülerrates, die Rechte von Schüler*innen und kommende Projekte heraus und veranstalteten einen landesweit beworbenen und besuchten Schüler*innenkongress, der im Landtag statt fand. Wir engagierten uns in der Ganztagspädagogik. Gemeinsam mit dem Projekt „Mitwirkung mit Wirkung" gaben wir einen Leitfaden zur Schüler*innenbeteiligung heraus. Auf dem war vorne drauf die ringelbehosten

Beine eines Mädchens vor einer Schultafel. Ich trug oft Ringelstrumpfhosen. Spätestens ab da sagte es jemand zu mir: „Du bist omnipräsent". Es erschienen Zeitungsporträts über mich, als engagierte Schülerin, eines war übertitelt mit dem Slogan „Auf einem Wahlplakat würde Julia sich gut machen". Und darauf hatten mich auch Leute schon angesprochen, als ich gerade 14 war. Das war nie meine Idee gewesen, aber bei den Leuten war das eine. Und so kam es, dass sich schließlich alles so entwickelt hat, dass es Wirklichkeit wurde.

Es macht aus meiner Sicht einen großen Unterschied, ob ein Mandat einfach geschieht, wie bei mir, oder ob man es Jahre lang darauf angelegt hat. Deswegen ist es auch eine Prophezeiung, weil es jemand anderer zu einem gesagt hat und es nicht der eigenen Wahl entspringt. In meinen Augen haben die Dinge, die zu uns kommen, große Kraft.

„10.000 Schüler/innen auf der Straße gegen Krieg"

(Das Verhältnis von Aktion und Institution)

Die Aktion richtet sich auf der Beziehungsebene an alle. In der Institution gibt es immer eine Beziehungsebene einiger konkreter Personen. Die sind durch die Institution ausgewählt. Sie reproduzieren die Institution. Die Aktion, und wenn ich Aktion sage spreche ich von einer aus dem Aktivismus hervor gegangenen, hat die Entität aller anderen zur Ganzheit. Die Institution hat einen funktionalen Teilbereich der Gesellschaft, sich selbst als Ganzheit. Mir, mir persönlich liegt die Reproduktion einer Institution nicht, weil meine Ganzheit immer alle anderen sind. Entweder bin ich hierin die eine Ausnahme oder es geht den meisten so, ich tippe auf letzteres.

Eine besondere Verbindung zwischen Aktion, Initiative und Institution stellen

Volksgesetzgebungsverfahren dar. Wir haben mal eins mitgemacht, als Schüler*innenvertretung in Sachsen. Es ging um die Erhaltung von Schulstandorten und kleineren Klassengrößen. Die Initiative kam aus Initiativen, die sich für den konkreten Erhalt von Schulstandorten einsetzten. Allerdings war die Rede von der Notwendigkeit eines Volksbegehrens da schon zwei Jahre in den Organisationen gewesen, das Schulinitiativentreffen, aus dem sich heraus ein Verein gründete, der das Anliegen vertrat, griff eine Idee auf, die zuvor gereift war.

Dem Volksbegehren geht ein Volksantrag voraus, für den 40.000 Unterschriften nötig sind. Der wurde vom Verein eingebracht, von der CDU-Parlamentsmehrheit abgelehnt. 450.000 Unterschriften sind im Flächenland Sachsen erforderlich, damit es zum Volksentscheid kommt. Das ist viel. Das haben, so geht das Sagen, nur einmal die Sparkassen geschafft, als es um ihre Gliederung ging. Ohne eine mächtige gesellschaftliche Struktur ist das fast nicht zu schaffen. Als ich für Neue Medien zuständig war, in meinem parlamentarischen Wirken für digitale Demokratie, habe ich mich im Zusammenhang mit dem Gesetzentwurf zur direkten Demokratie dafür eingesetzt, dass solche Unterschriften online geleistet werden können, mit einem sicheren und kostenlosen Zertifizierungsverfahren. Denn sonst sind immer die alten Organisationen bevorteilt, Bürger*inneninitiativen haben fast keine Chance. Da gab es viel Zurückhaltung gegenüber der Idee und Skepsis gegenüber dem Medium, auch in Reihen der Linken. Und so kam es 2002, dass das gesammelte Mobilisierungspotential der bildungspolitischen Zivilgesellschaft und von PDS und SPD in Sachsen nicht ausreichten, ein Volksbegehren erfolgreich zum Abschluss zu führen. In meinem persönlichen Erleben gab die Initiative Gelegenheit, regelmäßig u.a. mit den parlamentarischen Vertreter*innen, z.B. mit Peter Porsch über den Fortgang des gemeinsamen

Anliegens zu beraten und so ein Miteinander zu entwickeln.

Als Tag X vor dem zweiten Irakkrieg anstand, die amerikanische Mobilisierung war offenbar, gab es eine Mobilisierung in der Stadt Dresden, gemeinsam etwas gegen den drohenden Krieg zu tun. Es gab gar nicht die Erwägung, schon im Vorfeld zu protestieren und so auf den Ausbruch einzuwirken, es ging darum, am Tag des Kriegsausbruches Nein zu sagen. Infolge der Proteste griffen wir als Schüler*innenvertretung zum härtesten politischen Mittel: zum Streik. Wir riefen alle Schüler*innen der Stadt Dresden auf, am Freitag nicht zum Unterricht zu gehen sondern zur Demo. Die größte rechtliche Schwierigkeit an der Sache ist, dass die Schüler*innen nicht versichert sind für so eine Angelegenheit. Das wurde eine Woche lang in der Zeitung diskutiert, sodass es am Ende dazu kam, dass die Schulleitungen vorschlugen, man solle Zettel von den Eltern für die Streikteilnahme vorlegen und wir 10.000 Schüler*innen mobilisierten. 10.000 ist einmal die Albertstraße lang, und es ist immer schön, wenn das klappt.

Vor allem war es mit viel Wachstum für die Persönlichkeit für alle Beteiligten verbunden: etwas zu tun, weil es nötig, auch wenn es nicht erlaubt ist, lässt den gegenseitigen Respekt bei allen Beteiligten wachsen. „10.000 Schüler auf der Straße gegen Krieg" schaffte es sogar als Hintergrundnachricht in die Lindenstraße. Aus heutiger Sicht sage ich, dass es ein Anliegen der Schüler*innenvertretung sein sollte, dass das Recht auf Streik in die Schulgesetze aufgenommen ist, sodass Schüler*innen für Veranstaltungen in dem Rahmen versichert sind.

„Rot ist sinnlich"

(Dynamiken im Zusammenhang mit Kandidaturen im parlamentarischen System)

Nachdem ich einige Zeit auf Landesebene, in Dresden und an meiner Schule aktiv gewesen war und zur Wahl gerade 18 sein würde, fragten zwei Parteien bei mir an, ob ich mir vorstellen könnte für sie zu kandidieren. Die Grünen hatten da gerade Hartz IV mit eingeführt und kamen also für mich nicht in Frage. Das Angebot der PDS erwog ich ernsthaft.

Vor einer Kandidatur und in ihrem Zuge kommt eine ganz eigene Dynamik auf. Es ist eine Art Run. Man merkt, dass da supportiveness ist. Wo man hinkommt, haben die Leute schon über einen gesprochen. Und sich auf Unterstützung geeinigt. So läuft das, wenn's klappt. Ich konkret lernte den Jugendverband der PDS kennen. Dann den Stadtverband der Partei. Immer eingeladen als

Schülervertreterin oder als solche bei den Stadtratssitzungen oder Parteiversammlungen dabei, hatte ich mein eigenes Standing; das nicht innerhalb der Organisation war.

Die Leute bereiten sich ja meist Jahre auf eine Kandidatur vor. Nun, bei mir war das auch so, aber nicht mit Absicht. Sagen wir, ich habe Jahre lang alle Institutionen und Organisationen und ihre Vertreter*innen kennen gelernt. So meinen eigenen Blick auf sie entwickelt und den zur Grundlage meiner weiteren Tätigkeit genommen. Der Punkt ist, die anderen lernen einen ja auch kennen. Darum geht es. Es geht darum, dass ein Verhältnis entsteht. Wenn man eine Kandidatur mit Absicht plant, richtet sich die Aufmerksamkeit mehr darauf, dass die anderen einen Kennenlernen sollen – man selbst hat sein Ziel ja. Das hat einen Effekt auf das Verhältnis.

Mai 2004. Ich sehe die Ganzheit der Partei – ausgedrückt im Parteitag, oder genauer: der Vertreter/innenversammlung, einem

Produkt machtpolitischen Perlenspiels, als höchstem Gremium – zum ersten Mal. Die Partei war älter, als ich sie mir vorgestellt hatte, nachdem ich immer nur die aktiven jungen Leute getroffen hatte. Es gab einfach auch viele von ihnen. Die junge PDS, unter welchem Namen sie da noch firmierte, weiß ich nicht mehr, mir ist wie PDS-Jugend, war zahlreich und engagiert vor 2004.

Und sie hatten in mir eine Kandidatin gefunden. Ich also, mir ist so, dass ich mit mehreren Kleidern zu den anderen gefahren bin und mich mal erkundigt habe, schick auf jeden Fall, finde mich am Wochenende vor meinem Deutsch-Abi in der Messehalle und in den Reihen der PDS, mit einem Begleiter an meiner Seite. Wir üben die Kunst des leisen Applaus. Ich halte eine Rede, spreche über die miserablen Zustände im Bildungswesen und die Selbstvertretung junger Menschen. Und werde gewählt. Es war ganz knapp, andere haben an den Auszählungen teilgenommen und gesagt, dass es bis zum Schluss spannend war. Am Montag Morgen saß ich im Deutsch-

Abi mit Muskelkater am ganzen Körper, einfach von der Anspannung des Wochenendes.

Etwas irritierend war, dass zu Beginn des Wahlkampfes ein Flyer auftauchte, der meine Person unter dem Motto „Rot ist sinnlich" vorstellte – nicht nur, dass es ohne jede Absprache war, ich würde auch nie zugestimmt haben. Denn das war nicht der Schwerpunkt, den ich setzen wollte. Meiner wäre gewesen: „mehr Demokratie!". Das habe ich dann in meiner parlamentarischen Tätigkeit umgesetzt, indem ich zum Beispiel mich für mehr Demokratie in Schulen eingesetzt habe, als Abgeordnete Demos gegen rechts angemeldet habe, Vorhaben zur direkten Beteiligung unterstützt habe, in Bündnissen aktiv war.

„Schöner leben ohne Nazis"

(Aktion und Parlamentarismus)

Als am Wahlabend auch die NPD gewählt wurde, war das ein Schock in der politischen Landschaft.

Aktion und Parlamentarismus stehen in einem besonderen Verhältnis zueinander, weil der/die Abgeordnete sich immer wünscht, Teil der Aktion zu sein und diese sogar selbst initiiert. Das liegt nahe, denn als mit keiner anderen Autorität ausgestattet als vom Volk gewählt zu sein – der höchsten, dabei doch der abstraktesten, die Mitbewerber*innen im institutionellen Diskurs erlassen Verordnungen, haben Gesetzbücher oder das Gewaltmonopol oder Zugang zur Wirklichkeit (Vereine und Initiativen) als Ressource – wünscht sich der/die Volksvertreterin Gemeinsamkeit im Handeln mit dem Souverän. Das gilt so mindestens für Teile der Funktionär/innen des linken Spektrums, wie viele

Initiativaktivismusanträge ich auf Parteitagen schon gesehen habe. In Abstufung damit, dass Leute aus anderen Parteien wenigstens über Verbände vermittelt Kontakt mit dem Souverän haben möchten, gilt für alle das gleiche.

Mein Zugang zur Aktion im Parlament war am ersten Tag auf jeden Fall originär: mir war klar, die NPD wurde gewählt: man tut was. Ich bin ganz ernsthaft davon ausgegangen, dass andere mit Transpis kommen würden und wenigstens alle mit Ansteckern. Meine Landesvorsitzende und mein Fraktionsvorsitzender hatten mir vor der Aktion telefonisch noch davon abgeraten, mit Hinweis auf die Geschäftsordnung. Die Geschäftsordnung ist ein magisches Instrument. Mir war klar, dass ich es trotzdem mache. Die Geschäftsordnung regelt die Grundlagen der gegenseitigen Anerkennung. Denn darum geht es ja: wie können wir uns begegnen, dass wir uns anerkennen können, obwohl wir verschieden sind (im liberalen Kernduktus: verschiedene Interessen haben). Sie regelt, dass etwa keine

Spruchbotschaften im Plenum, Transparente etc. gestattet sind. Wer die Geschäftsordnung verletzt, fällt aus dem Anerkennungsrahmen heraus. Kein Wunder, dass die beiden so erschrocken vor der Geschäftsordnung waren, die hatten das ja schon länger. Ich nicht, und so ging ich am nächsten Tag mit meinem T-Shirt auf die erste Bank im Plenum. Ich hatte es am Nachmittag davor in einem Neustädter Shirt-Laden bedrucken lassen (denn ich hatte ein schönes Shirt geholt). Ich hatte mich noch mit anderen über den Slogan beraten, wir sind einiges durchgegangen und ich traf die Wahl für meine ursprüngliche Idee. An dem Tag, als ich es trug, war große Spannung, als das Shirt sichtbar wurde. Aber niemand unterbrach. Es gab ja noch keine Geschäftsordnung.

„Das schöne Gesicht des Sozialismus"

(Frausein und Politik)

 Da kommt jemand, ist 18 und verhält sich gar nicht, wie jemand, der noch zu lernen hat, sondern hat immer einen Standpunkt. Schwierig für die anderen, eine Herausforderung auf jeden Fall. Die Strukturen, die ich vorfand, waren, so kann man sagen, für Frauen und Jüngere keine ermöglichenden, es waren eher geschlossene und männlich dominierte. Wie drückte sich das aus? Ich habe erlebt, dass wer am effektivsten mit Gewalt drohen konnte – verbaler, versteht sich – sich am ehesten durchsetzen konnte. Das bezieht sich auf die internen Auseinandersetzungen, in der mit den Vertreter*innen anderer Parteien spielen durchaus Informiertheit und Engagement eine Rolle. Und auch intern haben die einen Stellenwert, aber der Schlüssel besteht darin, effektiv eine Entscheidungsposition zu besetzen und mit dem größten atmosphärischen Unwetter zu drohen, wenn sich nicht die eigene Position durchsetzt. Dass das eigene Wort mit dem emotionalen Wohl und Wehe der anderen verknüpft sei, hat politische Macht da ausgemacht, wo ich sie in Fraktionen vorgefunden habe. In der Partei geht es noch mal um was anderes, wozu noch zu sprechen sein wird. Aus meiner Sicht ist das Erziehung, was die Beziehungsebene mit einbezieht. Entwicklung vollzieht sich auf Basis sicherer Beziehungen. Ich habe auch einen anderen Machtbegriff, als er hierzulande in Anlehnung an Max Weber üblich ist: Macht ist für mich nicht, seinen Willen auch gegen andere durchzusetzen. Sondern vielmehr ist Macht, die Ursache der anderen zu sein. Ein solcher Machtbegriff ermöglicht uns, uns wechselseitige Verflochtenheit und Kooperation auf Basis echter Gemeinsamkeit vorzustellen: in Wertschätzung dessen, was jemand ist, mitbringt, beizutragen hat. Die Frage ist doch, ob Strukturen – solche des institutionellen Aufbaus oder kulturelle des Umgangs – explizit so sind, dass sie Frauen benachteiligen. Aus meiner Sicht ist es so, dass Macht, die auf der (verbalen) Gewaltandrohung beruht, sich nicht eignet, Gemeinsamkeit in Verschiedenheit zur Geltung zu bringen, wirklich alle Potentiale, die die Einzelnen ins (politische) Leben einzubringen haben, zu verwirklichen. Wir finden einen Politikbetrieb vor, der nicht die gleiche Anerkennung aller potentiell Beteiligten lebt, sondern in dem einem Typus des Aktiven der Vorzug gegeben wird: weißen, älteren Männern. Die haben offenbar mit der Ausübung von Gewalt, wie ich sie oben geschildert habe, weniger Schwierigkeiten. Das liegt zum einen sicher daran, dass ihre Sprecherposition aufgrund ihrer Häufigkeit schon mal privilegiert ist: sie betrachten sich wechselseitig als den Standardfall und alle Abweichungen als rechtfertigungsbedürftige Ausnahmen. Über weitere Gründe will ich nicht spekulieren. Es hat sicher mit Gewohnheiten zu tun und dem was man kannte; in der weniger zentralisierten Gesellschaft hat der autoritäre Gestus, der noch immer die Politik bestimmt, aus meiner Sicht einen sinkenden Stellenwert.

Das erste und ein wichtiges Kräftemessen gleich zu Beginn der Legislatur ist die Verteilung der Sprecher*innenbereiche. Neu gewählte Abgeordnete bekommen eigentlich nur was übrig bleibt, es sei denn dass sie mit einem Thema angetreten und für das gewählt worden sind. Ich hab gesehen, wie solche Kandidaturen zeitlich, thematisch und machtpolitisch platziert worden sind: dass jemand zum Beispiel erst dann zum Zuge kam, als er als Nachfolger in einem Fachbereich auch wirklich keine Bedrohung mehr war. Dass in der ersten Wahlperiode zwei, zwei neu gewählte Abgeordnete, zwei Frauen einen Sprecher*innenbereich teilen sollten, das würde man keinen zwei Männern zugemutet haben.

Immer als Ausnahme, als Junge markiert zu sein, erschwert eher die Vorraussetzungen für politische Durchsetzung. Insofern wäre eine Kultur „vorbereiteter Institutionen" mit jungen Menschen, einfach mit Verschiedenheit wünschenswert: konkret könnte das so aussehen, dass die Institutionen

Leitfäden für den Umgang mit Verschiedenheit entwickeln, sodass sie im Effekt einfach nicht von ihr überrascht werden. Dann wäre möglicherweise auch nicht passiert, was sich einmal in der ersten Wahlperiode zutrug: dass ein CDU-Abgeordneter mich mehrmals mit „Fräulein" ansprach, woraufhin Präsidentin Dombois klarstellte, dass das nicht zu unserem Umgangston gehört.

In anerkennenden Kategorien des Frauseins genannt zu werden hat mich, mich persönlich, nie gestört, weil ich persönlich gerne eine Frau bin. Konkrete Auseinandersetzungen um latent herabwürdigende weil reduzierende Ansätze darin, habe ich auch geführt. Mit dem Bild-Fotografen.

Eine gewagte Farbkombination – blaue Schuhe – konnte einen Artikel mit Foto hervor bringen. Dass einmal eine Laufmasche in meiner Strumpfhose Thema eines Bild-Zeitungsartikels wurde, ist eher gruselig komisch. Strumpfhosen gehen einfach schnell kaputt und es brauchte einen kleinen Moment, bis ich ein System gefunden hatte, damit umzugehen. Ich trage gern weiße Schuhe. Das und die Glitzershirts oder sagen wir mal, die allgemeine Spannung die in die Frage der angemessenen Bekleidung durch den gelebten Generationenunterschied gebracht wurde, entlud sich in einer Sondersitzung des Frauenplenums der Fraktion, wo ein Handout über angemessene Kleidung verteilt wurde. Kein Quatsch. Helle Schuhe gingen gar nicht, stand da. Mach ich noch heute.

Zusammen gefasst kann man sagen, dass alle Medien Kategorien des Frauseins, Stereotype, gezogen haben. Die Boulevardblätter dabei in drastischerer Konkretion der Themen und Wortwahl.

„Rausch ohne Reue"

(Den Sturm aushalten)

Kurz nachdem ich gewählt war, rief ein Journalist vom Focus an und fragte, wie ich zur Cannabislegalisierung stehe. Als Kandidatin des Jugendverbandes, der ein Jugendwahlprogramm vorgelegt hatte, das ich selbst mit erarbeitet hatte, stellte ich meine auf dem Jugendwahlprogramm basierende Position vor. Dass ich für die Entkriminalisierung aller Substanzen wäre. Der machte da ein Riesending draus, die anderen Medien gingen mit.

Es gab auch in der Partei große Aufregung. Aber auch viel Unterstützung von Seiten derer, die auch hinterm Jugendwahlprogramm standen. Es gab sich nun so, dass die erste inhaltliche Sitzung des Landtags noch nicht statt gefunden hatte, und die NPD als ihre erste aktuelle Debatte, als Replik, das Thema „Schöner leben ohne Drogen" beantragte. Es sollte also meine erste Rede im Parlament in einer Nazi-Debatte zum Thema Drogen statt finden. Und dann habe ich etwas Wunderbares im Bezug auf Unterstützung erlebt: Peter Porsch sprach in der Debatte von unserer Fraktion als erster und stellte sich ganz grundlegend vor die Position des Jugendwahlprogramms, indem er auf die Kulturalität des Substanzenkonsums verwies und darauf einging, wie problematisch die gesellschaftlich akzeptierte Droge Alkohol ist. In der zweiten Runde war ich dran, ich hatte drei Stunden an meiner Rede geschrieben und brachte so nun also meine Haltung ein: ich sprach davon, dass Schokolade und Liebe ebenso Rauschzustände verursachen und nicht gesellschaftlich reglementiert sind, dass die Verfügung über den eigenen Körper und das eigene Bewusstsein ein*e jede*r selbst haben solle.

Die ganze Debatte ging demnach über mehrere Wochen. Wir haben noch eine Infokampagne mit Diskussionsveranstaltungen u.a. zu akzeptierender Drogenarbeit angehängt. Das war lustig, bei einer der Veranstaltungen in Riesa in einem Jugendclub gelang es den berichtenden Bild-Zeitungsredakteur*innen tatsächlich, auf dem Spielplatz des Jugendzentrums gebrauchte Spritzen zu finden, die sie dann auch abbildeten. Es ist da viel Dämonisierung getrieben worden. Was mir wichtig war, ist die Haltung, dass die Gemeinschaft sich nicht in die Belange des Körpers und Bewusstseins der Einzelnen einzumischen hat. Zudem belegen alle praktischen Erfahrungen, dass man Leute, die Schwierigkeiten mit dem Substanzenkonsum haben, viel effektiver unterstützen kann, wenn sie nicht kriminalisiert sind. Ich bin in der ganzen Debatte nicht einen Millimeter von meiner Position abgewichen. Die dahinter liegenden Argumente waren den anderen einsichtig und fast alle haben sie respektiert, wenn auch nicht geteilt. Ich sehe das so: es kommt darauf an, nur Sachen zu machen, zu denen man im Nachhinein auch stehen kann. Dann braucht es nicht das immer so problematische Rückrudern, wie man es so oft sehen kann.

Inzwischen ist die Position, die wir mit dem Jugendwahlprogramm entwickelt haben und die ich vertreten habe, programmatische Position der Partei Die Linke. Im Rahmen der Programmentwicklung wurde sie auf dem Parteitag durch Delegiertenbeschluss gemeinsame Grundlage des politischen Handelns. Es gab da noch einen etwas zweifelhaften Auftritt Gregor Gysis, der in einer persönlichen Intervention mit Verweis auf die Nachrichtenlage als Argument dazu aufrief, das nicht zu beschließen. Wie die Parteitagsregie ihm außerhalb der Tagesordnung Rederecht dafür einräumte, wirft Fragen zum Autoritätscharakter der Partei auf. Es wurde jedenfalls trotzdem angenommen.

2004 im Rahmen der Debatte gab es noch einen lustigen Vorfall. Ich war zu Johannes B. Kerner eingeladen, es sollte darum gehen, so jung gewählt zu sein und über Rechtsextremismus in Sachsen,

Drogenpolitik sollte explizit kein Thema sein, das war vorher abgesprochen. Das Gespräch verlief freundlich und angenehm. Als schon ein anderer Gast dran war, der immer mit dem Schiff über den Atlantik fuhr, weil er nicht bereit war, acht Stunden im Flugzeug nicht zu rauchen, wendete sich Kerner in einem Seitenkommentar an mich und warf ein, naja, die Frau Bonk wolle ja ohnehin alles legalisieren. Das hatte nicht passieren sollen. Im ersten Moment entschloss ich mich, das aufzugreifen. Ich sagte, das so nebenbei ein solches Thema ja nicht besprochen werden könne. Und formulierte meine Position. Johannes B. Kerner war etwas irritiert über das Geschehen, das sich entwickelte. Denn im nächsten Moment sagte der Schauspieler Thomas Brussig im Fernsehen, er sehe sowieso nicht ein, weswegen er kein LSD bekommen solle und wo man das herbekomme, er wolle das zu seiner persönlichen Bewusstseinserweiterung. verwenden Und der anwesende Schauspieler, der einen Tatort-Kommissar darstellte, setzte ein, dass man die Menschen, die Schwierigkeiten haben, ohnehin viel besser unterstützen könne, wenn es nicht so wie jetzt illegal wäre. Insgesamt war das doch ganz gut gelaufen.

How would you find it to keep it in a permanent state

(Allein machen sie dich ein)

In der Zeit nach der Wahl war vieles ziemlich aufregend, Büro einrichten und ich hatte viele Einladungen zu Veranstaltungen. Es war die Zeit nach meinem Abitur und ich war voll im innerlichen Umbruch, dabei voll eingebunden. Es war schön Freund*innen zu haben, mit denen ich locker ein paar Stunden am Abend verbringen konnte.

Politisch war in meinem Umfeld alles im Aufbruch, es waren mehrere jnge Abgeordnete aufgestellt und gewählt worden, und im Vorfeld der Wahl war das wahrscheinlich von Leuten, die sich selbst als parteiinterne Kontrahent*innen ansahen, mit Medienbeteiligung als „Angriff der Jugendbrigade" stilisiert worden. Katja und ihr Umfeld hatten etwa 2 Jahre vorher ihre Kampagne fürs Bedingungslose Grundeinkommen gestartet, bei deren ersten öffentlicher Diskussion ich moderiert habe, und auch das irritierte möglicherweise die Genoss*innen. Der Zusammenhang an jungen Leuten, der da miteinander in Sachsen in Austausch stand, war aber nach meiner Einschätzung keine Gruppe von inhaltlich beliebigen Karrierist*innen, wie die Erzählung von der Jugendbrigade sagte, es waren junge Leute mit Programm und Gestaltungsanspruch. Beides wollten wir auch zum Ausdruck bringen, wobei die Frage ist, wie viel Gestaltungskraft in einem Paper liegen. Jedenfalls setzten wir zusammen eins auf, in dem wir unseren programmatischen und methodischen Ansatz miteinander schärfen und in die Welt bringen wollten. Dem Papier „Let's make it real – Freiheit und Sozialismus" von 2004, das stellvertretend für die Gruppe drei Frauen unterschreiben sollten, Katja, Caren und ich, ging es vor allem um Selbstbestimmung als wichtigstes Momentum emanzipatorischer Politik. Wir brachten unseren Ausdruck der Auffassungen unserer Generation in die Welt, aber die hierarchiepolitisch motivierte Rede von der Jugendbrigade hat sich gehalten, so lange es den inhaltlichen und politischen Zusammenhang der jungen Leute gab.

Es ergab sich, dass einige der Auffassung waren, man solle den Zusammenhang und das Programm auch formal in der Partei verankern, indem man eine Strömung gründete. Ich sah das auch so. So luden wir alle, die sich auf „Let's make it real – Freiheit und Sozialismus hin bei uns gemeldet hatten, zur Gründung der Emanzipatorischen Linken ein. Ich wurde Bundessprecherin der Strömung. Viele der Akteur*innen der Gründungsphase beteiligten sich später weniger und nicht mehr an der Gestaltung der Strömung. Als Stimme zur

Einschätzung des Parteigeschehens spielte die Emali eine Rolle. Irritiert über den Charakter der Partei, der ich angehörte, war ich, als im Zuge der Programmdebatte unsere Anträge zum Selbstverständnis und zu den Traditionslinien, den Anarchismus mit aufzunehmen, abgelehnt wurden. Später sagte Christoph Spehr die alte Organisationsweisheit „Allein machen sie dich ein" zu mir. Genau das war, was wir da gemacht haben, wir haben Gemeinschaft gegründet.

Für mich gelten Liedtexte so, wie ich sie höre.

„Seinen Faden ins Gewebe schlagen"

(„Haben Sie auch Zeit für Persönliches?")

Das bin ich oft gefragt worden, ob ich auch Zeit für Persönliches habe. Ich kann nur sagen, wenn einem das wichtig ist, kann das immer einen Platz haben. So traf ich Freund*innen, ging ins Kino und studierte. Nach dem Abi 2004 und einen Monat nach Beginn der Legislatur nahm ich auch mein Studium auf. Ich hatte einen Studientag in der Woche, an dem ich die Seminare besuchte, schrieb Scheine, hielt Vorträge und studierte dabei auch so für mich, zum Beispiel Hannah Arendt.

Aufgrund einer spezifischen Haltung in der Linkspartei den ganz jungen Leuten gegenüber, gab es immer Unterstützung für das Studium. Als ich zum Beispiel mal an einer Arbeitskreissitzung nicht teilnehmen konnte, weil ich in sechswöchigem autodidaktischem Lernen das Latinum gemacht habe, war das kein Problem. Auch als ich Magisterarbeit schrieb, gab es Unterstützung.

Ich hatte in der Zeit ein Zimmer in einer wunderbaren WG, wo wir uns als Aprilgeborene und Musikliebhaber*innen, als Gekleidete und gemeinsam Protestierende gern hatten. Wir veranstalteten tolle Parties in unserem wunderbaren, dafür wie extra bereit stehenden Keller. Einmal war einer von der jungen Union da und es war mit großer Neugier belegt, wie wir uns begegnen würden. Ich trug eine blonde Perücke. Freundlich wie immer, sag ich da mal.

„Balla-Balla-Bonk"

(Kampagne)

Sieht man sich den lateinischen Ursprung des Lehnwortes Kampagne an, aufs Feld gehen im wesentlichen, wird klar, dass es eine Metapher dafür ist, in die Öffentlichkeit zu gehen: raus aus dem eigenen Kreis, hin zu den anderen. Viele Kampagnen heute haben die Ursache ihrer Nichtbeachtung darin, dass sie sich im Ziel unklar sind. Wenn man zum Beispiel Interessenvertreter*innen erreichen möchte, zum Beispiel freie

Träger in einer Stadt, dann unternimmt man eine auf diese ausgerichtete Initiative. Eine Kampagne geht in die Breite.

Wir sprachen mit unserer Kampagne gewissermaßen alle an, weil sich alle innerlich zum Fahnenheer in den Straßen verorteten, ob sie dieses mochten oder nicht. Meine innere Haltung war, dass es mir sehr unangenehm war, überall die Deutschlandfahne in Partymanier zu sehen. Wer sie so einsetzen möchte, ist für den Schlussstrich unter die deutsche Geschichte. Denn sich auf ein Symbol für Deutschland zu beziehen, ist immer auch sich auf die Geschichte beziehen; und da gibt es nicht viel zu feiern. Zumindest nicht, solange sie nicht gründlich ausgewertet ist, was noch aussteht. Denn die Singularität der Shoa hat darin ihren Ursprung, dass alle Einrichtungen, die die Menschen bis dahin und manche noch heute als den Fortschritt garantierend angesehen haben, zur Vernichtung verwendet wurden. Die deutsche Geschichte ernst nehmen, heißt den Staat in Frage stellen.

Die Studien haben hinterher gezeigt, dass mit einem Anstieg des Nationalgefühls ab 2006 auch eine Zunahme an fremdenfeindlichen Äußerungen und Handlungen verbunden war. Als wir mit unserem Vorschlag an den Start gingen, eine Initiative zusammen mit der Linksjugend, Deutschlandfahnen gegen T-Shirts zu tauschen, rasselte es jedenfalls erstmal eine Reihe der Entrüstung. Stimmungsmäßig gab die Bild-Zeitung den Ton an. Die einzige andere kritische Wortmeldung zum Deutschlandmärchen, die GEW hatte eine Broschüre zur Hymne veröffentlicht, wurde von der zurück genommen mit dem Hinweis, man habe niemandem die Stimmung verderben wollen. Es gab viel Unterstützung. 1000 Fahnen wurden eingeschickt, die wir in einer Kunstaktion umwandelten.

Und es gab eben auch die Stimmungsmache der Bild-Zeitung, die im Grunde Volksferne konstruieren wollte. In der Fraktion der Linken ging man so damit um, aus Angst vor der Volksferne, dass man den Bild-Zeitungsartikel für alle farbig morgens vor der Sitzung – das ist ein Aufwand in einer Fraktion – kopierte und auf die Plätze legte. Das zur Diskussionsgrundlage nehmend, war die Diskussion entsprechend. Und ich war mal „Verliererin des Tages" auf der Titelseite an einem Tag, wo Gorge W. Bush der Gewinner war.

„Sie blutet immer noch"

(Soziale Ordnung)

Allerdings war die Diskussion in der Partei, bei aller Unterstützung derer, die das auch so sahen, eben in der vorgenannten emotionalen Manier geführt worden, sodass ich doch heftig markiert war. Ich ging weiter meiner

Tätigkeit, bot auch wie immer ein Seminar auf dem Pfingstcamp an, auf dem dann jemand in meiner Anwesenheit zu jemandem über mich sagte „Sie blutet immer noch". Und in der Tat bemerkte ich erst, als es vorbei war, dass ich in der Zeit viel grau getragen habe.

Ordnung ist das, worin man übereinstimmt. Ordnungsbildend ist, was als wünschenswert angesehen wird. In einer Organisation wie einer Fraktion, so wie es sie bisher gibt, wird es als wünschenswert angesehen, dass möglichst vorher gesehen nach außen kommuniziert wird: die innere Struktur abbildend, personell und inhaltlich – also dass die sich äußern, die auch intern das Standing haben und dass die Inhalte besprochen werden, die die Organisation auf die Agenda setzt. Dass dabei Effekte auftreten, die in den Personen und ihrer Programmatik liegen, ist nicht vorgesehen. Was wir gemacht haben, war so zentral in der Debatte dass es die Autorität im Inneren infrage gestellt hat, anhand der Frage, wer die Hoheit über die Kommunikation nach außen hat. Ich sehe es heute noch immer so, dass es zu der Zeit auf jeden Fall eine kritische Intervention brauchte.

„They call me mellow yellow"

(Persönliches)

Wenn man den Erfolg des eigenen Handelns an Resonanz in der Gemeinschaft, auf die man sich bezieht, misst, dann ist, was mein politisches Handeln bis heute angeht, immerhin etwas zu finden. In der Schüler*innenvertretung habe ich mit durchgesetzt, dass es zur drittelparitätischen Schulkonferenz kam, die im Jahr meines Abiturs eingeführt wurde. Was die parlamentarische Tätigkeit als solche angeht, ist es doch ab und an gelungen, eigene Ideen in die Gesamtheit der Öffentlichkeit zu transportieren. Schwieriger war es in die Partei hinein, in die ich ja nie hinein gewachsen bin. Bei gut in die Parteiwelt vernetzten Akteur*innen gestalten die die Programmatik der Partei mit. Sogar bei der Drogenpolitik ist das gelungen. Das neu beschlossene Programm nach der Parteineugründung enthält die Forderungen, die ich mit vertreten habe.

Dass jemand so jung und laut eigenständige Positionen vertritt, war für die anderen immer eine Besonderheit. Die Linkspartei kennt mich, seit ich 15 bin und manche länger. Ich habe auf Parteitagen Grußworte für den Landesschülerrat gehalten, auf den gemeinsamen Demos gesprochen – die von Bündnissen organisiert waren – mit den Vorsitzenden und Geschäftsführer*innen über den Stand der Landesbildungspolitik gesprochen. Man kannte sich.

Was für mich so selbstverständlich war, immer eigene Positionen vertreten, und das heißt: selber, also auch mit 18 den jüngsten Teil der Wahlbevölkerung, war für die anderen offenbar ein Wagnis, auf das sie selbst mit viel Spannung blickten.

Der Blick war nicht frei von Autoritätsvorstellungen, so war zum Beispiel ein Prüfstein bei den Fraktionsmitarbeiter*innen, ob die jungen Leute auch immer hübsch grüßen. Dass ich Leute, die ich nicht kenne, nicht grüße, weil sie Mitarbeiter*innen oder Gäste der neu gewählten Nazis sein könnten, habe ich sogar öffentlich gesagt.

Damit verbindet sich die größte Schwierigkeit: indem junge Leute in der Politik so selten sind, sind sie immer als Ausnahme markiert. Und weil man sie als Ausnahme markiert, haben so wenige Interesse daran. Denn einer Ausnahme gegenüber sagt die Gemeinschaft immer: „na mal kucken, *ob* das geht". Ein solcher Zweifel, die Frage nach dem ob, also nach dem grundlegenden Ja, versetzt in einen ganz anderen Zustand, als wenn Institutionen jedes, das zu ihnen kommt, begrüßen würden mit einem „mal kucken, *wie* das geht". Das Markieren als Ausnahme verweigert die ganz grundlegende Zustimmung, und das ist gegenüber legitimen Teilnehmer*innen wie jungen Leuten nicht in Ordnung.

Vorbereitete Institutionen setzen sich mit der Möglichkeit ihrer Vielfalt auseinander und schaffen allein dadurch einen Raum, in dem Anderheit statthaben kann, in dem Wertschätzung wahrscheinlicher ist als in zufällig autoritär geordneten Systemen.

Nach meinem Eindruck haben die Leute meine Positionen schon immer als eigenständig wahr genommen und respektiert, Jüngste zu sein hingegen versetzt in einem autoritär geordneten System grundlegend in eine schwierige Lage, weil einem per se die Merkmale der dominierenden Gruppe abgesprochen sind: männlich und älter zu sein. Es ist aus meiner Sicht nicht, dass Politik zu schwierig wäre oder die Leute zu desinteressiert, sie ist einfach nicht vorbereitet, mit der Vielfalt der Bevölkerung auch in ihren Reihen umzugehen. Zudem zieht sie im Moment überwiegend Leute an, die mit autoritär geordneten Strukturen weniger ein Problem haben.

Dass ein Zusammenhang von jungen Leuten, der offensichtlich einen inhaltlichen Wirkungszusammenhang miteinander bildete, was etwa die Kampagne zum Grundeinkommen und die Jugendwahlprogramme belegen, mit Unterstützung von einzelnen Journalist*innen als reines Karrierenetzwerk beschimpft und diffamiert werden konnte, spricht nicht für eine junge Leute wertschätzende politische Kultur. Dafür gibt es Jugendverbände, dass die jungen Leute erstmal miteinander reden können, bevor sie mit ihren Positionen an die Parteiöffentlichkeit gehen.

Ein unausgesprochener Teil der Verabredung mit den ganz jungen Leuten war immer, dass sie eine Zeit in politischer Verantwortung für die Partei verbringen und dann was anderes machen. Das ist aus einem Gesichtspunkt auch nachvollziehbar, dass man auch noch mal die Chance auf was anderes hat. Andererseits baut man sich in den 20ern auch schon was auf und dafür keine

Perspektive zu haben, ist vielleicht auch nicht der fairste move.

Das Argument, das jungen Leuten überall und in der Politik gleicherweise ausgesprochen oder unausgesprochen begegnet und ihrer gleichwertigen Teilhabe entgegen steht, ist das der Erfahrung. Erfahrung ist etwas das nur für einen persönlich Geltung hat: man selbst kommt mit den Sachen besser klar. Anderen die Erfahrung abzusprechen, geht deswegen gar nicht, sie haben einfach eine andere.

100 Jahre Schlaf

(Über den Zustand des Parteiensystems)

Aus meiner Sicht gibt es im Parteiensystem eine Legitimitäts-, eine Loyalitätslücke: Die Parteien rekrutieren das politische Personal, also sind die von ihnen entsandten Amts- und

Mandatsträger*innen in der ersten Loyalität auch immer an den Parteien orientiert, nicht an den Wähler*innen.

Es ist, damit nicht die Kompromittierung durch die erlebte Alternativlosigkeit der Strukturen eintritt, nötig, dass jede Generation sich ihre eigenen Formen setzt, dass wir im Bewusstsein leben, dass wir das können und es umsetzen, wenn die Zeit gekommen ist. Das Parteiensystem ist schon seit drei politischen Generationen nicht mehr erneuert worden, man kann fast sagen, seit 100 Jahren. Es ist Zeit für seine grundlegende Wandlung, das ist auf Basis des Grundgesetzes möglich.

Es ist schwierig, man bekommt nur manchmal was von den Parteikulturen der anderen mit. Zum Beispiel, als sich die CDU-Mitglieder vor der Ausschussreise, dich ich stellvertretend leiten sollte, alle beschweren wollten, weil sie nicht unter dem Vorsitz einer so jungen Person reisen wollten, wurde klar, was sie von der verantwortlichen Beteiligung junger Leute halten. Einige haben mir hinterher ihr Bedauern ausgedrückt, weil ich das sehr gut gemacht haben würde. Oder man sieht etwas über die Verankerung einer Person, als eine CDU-Abgeordnete, die von der Partei nicht mehr aufgestellt worden war, bei einer kommunalen Wahl durch Namensnennung auf dem Stimmzettel trotzdem gewählt worden war. Oder man trifft Protagonist*innen anderer Parteien bei gemeinsamen Anlässen, wie der Blockade des Naziaufmarsches in Dresden, manche kannte ich noch aus der Schüler*innenvertretungszeit. So kann man einen Eindruck von den Parteikulturen bekommen. Und die größte Schwierigkeit bei den organisationalen Vorraussetzungen des Parteiensystems ist, dass es auf dem Mehrheitsprinzip beruht. Somit geht es in der Folge darum, „Menschen zu sammeln": möglichst eine Mehrheit hinter der eigenen Position zu versammeln. Das achtet die Souveränität jeder einzigen Person nicht, da die Systematik darauf ausgelegt ist, Masse hinter einen Vorschlag zu bekommen, nicht den Ausdruck jeder einzelnen Person einzubeziehen. In der Folge steht in den Parteien die Kumpelei, die sogenannte vorinhaltliche Sympathiebildung. Hier stellen die Menschen auf Basis äußerer Merkmale Verbindungen her, die für alle Beteiligten kompliziert, weil nicht originär sind. Als ob man die Person je von ihrem Handeln, ihrem Ausdruck trennen könnte: wo wir zusammen kommen, geht es immer auch um die Sache, wenn wir vom unmittelbaren Ausdruck der Person ausgehen.

Once more

2009 war mir und allen anderen klar, dass es Zeit für einen neuen Sprecherinnenbereich war. Mir, weil ich da schon zehn Jahre Bildungspolitik gemacht hatte und die anderen hatten andere Gründe. Ich hatte schon zum Teil Anfragen zur Digitalisierung gestellt und war auf Veranstaltungen gewesen und hatte am digitalen Wandel teilgenommen und wollte dem Thema in der politischen Landschaft einen Stellenwert geben. Damals gab es noch nicht so viele Sprecher*innen für Neue Medien wie sie heute selbstverständlich sind.

Ich liebe das Internet. Ich liebe es, auf Kulturinhalte sofort unmittelbar Zugriff zu haben. Eine riesige Bibliothek, ein Treffpunkt, eine Plattform für alles. Ich habe gern alles mitgemacht, als E-Mail kam und ich meine erste E-Mail-Adresse einrichtete, als Ende der 90er Anfang der 0er-Jahre Handys aufkamen und man SMS noch einzeln abrechnete. Ich habe vorher auch lange am Festnetz gehangen – nur ein Telefon pro Familie, Konflikt -, in der Schule von einem Tag auf den anderen Briefe geschrieben, zusätzlich zum Telefonieren; das haben wir alle so gemacht. Ich liebe Kommunikation. Es ist problematisch, dass unsere Daten jemandem gehören. Das geht nicht. Heute sehe ich, dass die wichtige Frage, die zu klären nötig ist, die folgende ist: wie organisieren wir das? Nach meiner Auffassung sind Daten persönlich, sie gehören der Person, zu der sie gehören. Hier gilt eine Einwilligungsregelung. Geteilte Inhalte werden nicht veröffentlicht, wenn eines nicht zustimmt.

Ich übernahm also den Sprecher*innenbereich für digitale Entwicklung. Wir haben dazu beigetragen, dass Bürger*innenfunkvereine jetzt eine stärkere Berücksichtigung beim Strukturaufbau finden. Was auf jeden Fall nicht so erfreulich ist, dass es nicht geglückt, nicht mal in der Linken Fraktion, durchzusetzen, dass Unterschriften für Plebiszite etc. digital geleistet werden können. Darin sehe ich einen heraus gehoben wichtigen Punkt zur Entwicklung der Vitalität des politischen Systems, dass Unterschriften digital gegeben werden können, denn sonst sind die alten Organisationen immer bevorzugt und es kommt zum Verlust von Rückmeldung im politischen System, das mit den gewachsenen Formen der Gesellschaft nicht Schritt hält.

„Should I stay or should I go"

(Weggabelungen)

Ich wusste, dass ich rechtzeitig vorher wissen wollte, ob ich 2014 noch mal antrete; und das wäre ein Jahr vorher. Eigentlich anderthalb. Also fing ich 2011 mit Überlegen an. Bei Weggabelungen kommt es genau darauf an, zu wissen wer man ist und wer man sein möchte, sodass daraus erwächst, für welche der beiden Optionen man die Wahl trifft. „Entscheidungen entstehen", hat mal jemand zu mir gesagt. Ja, sage ich heute, und zwar dann, wenn es Dinge gibt, die fest stehen, an denen man sich orientieren kann. Und das sind Haltungen zu sich selbst. Dinge, von denen man weiß, dass sie einem wichtig sind. So wusste ich zum Beispiel immer, dass ich schreiben will, ich wusste aber noch nicht, wie. Meine These war, dass ich eine Zeit lang meine volle Aufmerksamkeit dafür brauchen würde, und das war auch so. Politik war, seit ich mit dem Schauspielen wegen des

Engagements aufgehört hatte, immer dagewesen und ich wusste aber, dass da noch mehr war und ich es auch leben wollte. Ich hatte ja immer nebenher geschrieben, ich wollte aber wissen, wie weit es gehen würde, wenn ich es im Schwerpunkt machen würde. Und es brauchte auch einige Zeit, eine Idee davon zu entwickeln, wie. Heute weiß ich, auf welche Weisen ich mich in die Welt einbringen möchte.

Wenn eines eine Wahl an einer Weggabelung klug trifft, hat es das Beste beider Seiten für sich. Weil es, ohne sich zu beschädigen, die inneren Bilder, die auf beiden Seiten für die jeweilige Entwicklung entstanden sind, mitnimmt. Ich habe zum Beispiel heute Mode des Schreibens gefunden und kann mir vorstellen, noch einmal in größerem Umfang politisch aktiv zu sein, weil ich sehe, dass das Handeln im Bezug auf die Gemeinschaft immer einen hohen Stellenwert für mich hat.

Wie das geht, eine Wahl an einer Weggabelung klug treffen? Nach meinem

Erleben bis heute kann ich es so beschreiben: die Optionen in sich reifen lassen, solange der Moment der Wahl noch nicht da ist. Beide sich entwickeln lassen und immer im Blick haben, wie das Selbst mit beiden Varianten umgeht. Und wenn der Moment der Wahl da ist, die Wahl im ersten Moment treffen und mit ihr weiterhin sein. Jede Wahl ist endgültig für den Moment, in dem sie getroffen ist also bis es Anlass gibt, sie sich noch einmal vorzulegen. Und merke, mit jeder Option werden wir die, die wir sind. Es kann also gar nicht schief gehen.

Wo die Seele blühen kann

(Bedingungen für Entwicklung)

Entwicklung gelingt unter der Vorraussetzung des Angenommenseins, mit allem, was da ist anwesend sein und gehalten zu sein. Sie unterscheidet sich von Erziehung dadurch, dass Erziehung die emotionale Ebene mit einbezieht.

Entwicklung geschieht auf Grundlage stabiler Beziehungen. So haben Menschen, die Erziehung erlebt haben, immer Schwierigkeiten mit Souveränität und Integrität, weil sie von einer potentiell beeinträchtigenden Wirkung auf der Beziehungsebene ausgehen. Das kann nur grundlegende Auswirkungen auf das Bildungswesen haben. Diese Einsicht macht so klar, wie nötig es ist, die Unterrichtsfächer aufzulösen, wie Finnland es tut, und Noten abzuschaffen, weil sie die Autorität des Gesamtsystems zementieren und ein skill, nämlich in formalen Prüfungssituationen zu bestehen, privilegieren.

Ich fand Unterstützung für den kommenden Entwicklungsabschnitt in einem Haus für ganzheitliche Entwicklung in Bonn. Entwicklung braucht grundlegende Anerkennung und Wohlwollen, das Wissen, dass der andere mit guten Absichten mit der eigenen Person umgehen wird. Wer das nicht erlebt, wenigstens ein Mal im Leben eine Person zu haben, auf deren Wohlwollen wir uns verlassen können, wird nicht die

Fähigkeit haben, ganz in den Ausdruck zu kommen, und ohne in den Ausdruck zu kommen, ist da keine Authentizität und ohne die keine Integration. Authentizität ist, wenn das unmittelbare Erleben in den Ausdruck kommt. Integration geschieht, wenn wir potentiell in den Ausdruck kommen; in dem Moment haben wir uns schon auf den gemeinsamen Prozess bezogen. Die Angstbürger*innen, also die, die das Resentiment vor die Möglichkeit der Erfahrung eines Guten setzen und die sich von den gemeinsamen Institutionen schon so desintegriert haben, dass einige nicht mal mehr auf gemeinsame Bildungsinhalte vertrauen, haben die Erfahrung des produktiven Ausdrucks in den Institutionen nicht gemacht. Sie haben sie möglicherweise auch in der persönlichen Entwicklung nicht gemacht. Darum setzen sie auf Parolen, die provozieren; und sind damit auch auf die gemeinsamen Einrichtungen bezogen. Keines entgeht der Ganzheit, wir sind immer auf die Ganzheit bezogen, nur die Angstbürger*innen stellen sich absichtlich außerhalb dessen, was vorher der Konsens war, sie setzen auf eine Form des Ausdrucks, der verletzend und roh ist, weil sie sich selbst verletzend und roh behandelt fühlen, weil sie sich nicht als Teil der Ganzheit erleben. Gesellschaftliche Entwicklung, an der alle teilhaben, in Gang zu bringen ist eine der wichtigsten Aufgaben unserer Zeit.

Es ist so, dass ich heute mehr innere Kraft habe, zu halten was geschieht, es verursacht weniger arousal. Das kommt, weil ich klarere Vorstellungen von dem habe, was zu geschehen ich für wünschenswert halte und das auf der Grundlage gestalte.

Das ist persönliche Entwicklung, das eigene Erleben mehr und mehr als solches erleben und wertschätzen zu können. So ist es, es kommt darauf an, dass das Selbst sich erleben kann.

Queen of my castle

(Der Wunsch: allem eine eigene Ordnung geben)

In Bonn sagte gerade jemand zu mir: „Wieso sollten Sie nicht direkt vor dem Haus Ihrem Traummann begegnen?", bevor ich in der nächsten halben Stunde C. traf, den Mann, der prägend für den nächsten Lebensabschnitt werden würde.

Minuten später sah ich von meinem Fenster aus einen jungen Mann durch die gläsernen Korridore gehen, der – es war noch Winter – einen dunkelblauen Mantel trug. Es waren die Schultern, die mir im ersten Augenblick gefielen. Sie waren so majestätisch, gerade und schwingend in seinem Gang. Er war auf dem Weg in den Klaviersaal. Ich machte mich im selben Moment auf den Weg dahin, mit der Absicht unter dem Vorwand hineinzugehen, Kissen zu holen. Angekommen, spielte er. Ich holte die Kissen, setzte mich dann aber in einen der Sessel am anderen Ende des Raumes und hörte zu. Ich war aufgeregt und gespannt, immerhin kam ich einfach dazu. Aber in der Spannung war die Balance gehalten.

Er spielte einige Stücke, eines von Ludovico Einaudi, das ich kannte, und endete mit der Melodie von Dallmayr Prodomo, wobei er in meine Richtung sah, die Melodie mir zuerkannte. Als er geendet hatte, sagte ich, dass es schön gewesen war. Er stand auf und ging in meine Richtung. „Es ist okay, dass du zugehört hast", sagte er. „Wenn es nicht okay gewesen wäre, wäre ich nicht geblieben", antwortete ich. Wir hatten beide die Spannung gefühlt und empfunden, dass es in Ordnung so war. Ich sagte „Hallo". „Hallo", antwortete er verblüfft. „Ich dachte, das hätten wir schon." Ich lächelte. Verblüffung macht mir Spaß.

Wenn man zusammen gehört, bleibt man vom ersten Augenblick an zusammen. Wir gingen in den Aufenthaltsraum und unterhielten uns, tranken dann einen

Tee. Er erzählte mir von seinem Praktikum mit Bild gebenden Verfahren am Gehirn. Wir sprachen über das Bewusstsein. Ich erzählte, dass ich regelmäßig meditiere und mich fragte, ob man, wenn man eine Reflektion von Stufe zu Stufe als Reflektion weiter reflektiert, zur Erleuchtung kommen kann. Er sagte nichts.

Wir machten einen Spaziergang. Und sprachen über Verbindungen. „Wenn ich an meine Freundin N. denke, ruft sie am selben Tag an. Wenn ich anrufe, sagt sie, dass sie auch gerade an mich gedacht. „Habt ihr also auch eine spirituelle Verbindung", sagte er. Wir sprachen darüber, dass Farben unsere Lieblingsmetapher waren. Für mich in der Politik wie in der Lyrik, man kann mit ihnen die Vielfalt so wunderbar ausdrücken. Zudem hatte ich mich damit beschäftigt, welche Organe und Gefühle in der chinesischen Körperkunde welchen Farben zugeordnet sind. Sie stellen Schwingungszustände in den Organen dar und die bilden das

Bewusstsein. Ich rezitierte ihm mein
Regenbogengedicht.

Spektral

Die Farben meiner Zukunft

singe ich in allen Düften
herbschwarzes Beerenrot ruft
silbernes Seltenheitsweiß sirrt

mein blaues Boot folgt allen Strömen
ins immerselbe andre Meer

ich trinke und trinke

einen Regenbogen aus

bunter Bauch trägt viele Wünsche
zärtlich sind wir hier zuhaus'

Ich zeigte ihm die Muster in den Birken,
die im Wald zu finden waren, die die
Elfen in die Bäume gehängt hatten,
scherzte ich: Verstrebungen waagerecht
von Ast zu Ast. Ich zeigte ihm auch die
violetten Schleier der Birken, da wo die
Äste ganz dünn sind und er sagte, dass

ich so viel sehe. Meine Lieblingsblume zeigte ich ihm, die Angelica, die ich wegen ihrer sternförmigen Struktur so liebe. Am Ende der Wiese sagte er,: „Ich habe mir zwei Namen gemerkt: Julia und Angelica." Ich war froh.

Zwischen C. und mir gab es eine Spannung, die sich nicht in die eins auflösen wollte. Irgendwie passten die Vorgänge nicht zusammen.

In die Zeit fiel mein erstes Schreiben. Nicht das allererste, ich hatte ja schon vorher Gedichte geschrieben, doch das erste mit dem Anspruch, zu schreiben. Ich entwarf ein poetisches Stück übers Unterwegssein und Ankommen, „En train". Aus meiner Sicht spricht der*die Schreibende immer darüber, wie er*sie die Welt sieht: anders geht es gar nicht, als die Welt durch die eigenen Augen zu sehen und darüber zu erzählen. Selbst wenn wir mehrere Figuren entwerfen, entspringen sie immer der Vorstellungswelt des*der Schreibenden. Und es ist möglich, eine ganze Welt zu erschaffen. Das wollte ich gern zur

Methode machen: nachdem ich Mallarmé gelesen hatte, das Republikpoem, das er geschrieben hatte, wollte ich allen Ideen selbst einen Platz und einen Ausdruck geben.

„What else is there?"

(Erkundungen. Was wir wissen können)

Mich trieb seit Beginn des äußeren Erwachsenenlebens eine Frage um: wie ist es möglich, dass man überhaupt eine Aussage trifft, wenn es keine absolute Wahrheit gibt? In welchem Verhältnis befinden wir uns also im Bezug auf die Welt, wie findet sie statt? Und wie kommen wir dazu, Aussagen des Wünschbaren zu treffen – denn das wollen wir doch, die Welt so gestalten, dass sie das größte Glück für jedes bietet. In meiner Magisterarbeit spitzte sich das so zu, dass ich die Menschenrechte einer dekonstruktiven Befragung unterzog: sie auf ihre Genese, ihren

Bedeutungsumfang und ihre Wirksamkeit befragte. Was mich interessierte war, wie man einen solchen Kern des Wünschbaren absichern kann, wenn er historisch und kontingent wie alles ist. Heute weiß ich, dass Anteil an der Wahrheit uns im Erleben zugänglich ist. Es gibt mindestens so viele Wahrheiten, wie es Wesen gibt. Und doch gibt es etwas, das wir voneinander wissen können.

Indem der andere in uns wirksam ist, haben wir ein Erleben von ihm und von uns. Indem wir uns bereit machen für den immer nächsten Moment, leben wir in der sich vollziehenden Gegenwart.

Otherness is beauty

(Das Teuern)

Wir brauchen die Anderheit, weil wir in ihr die Vielheit unserer selbst erleben. Das Differente, Divergierende, das

Einzigartige und Unmittelbare ist der Quell jeder Entwicklung. Aus ihm entspringt der Impuls für den nächsten Moment, hat die Dualität zwischen jetzt und dem nächsten Moment ihren Ursprung. Das Differente, Divergierende bringt uns in die Zukunft.

Ich entwickelte dieser Tage 2013 ein sehr feines Gespür, welche Handlung eine Weiterentwicklung, eine Steigerung, also ein echter Beitrag wäre, und was nicht. Das hatte zur Folge, dass ich vieles, vor allem das Sprechen bei vielen Gelegenheiten, unterließ.

Das ist persönliche Entwicklung, das eigene Erleben mehr und mehr als solches erleben und wertschätzen zu können. Es kommt darauf an, dass das Selbst sich erleben und darn weiter entwickeln kann.

„Wo ist Julia Bonk?"

(Sensibilitäten)

Das wenige Sprechen war für die Allgemeinheit auffällig, auch wenn es ganz meiner Natürlichkeit entsprach. Es entstanden auch keine gefährlichen Situationen. Trotzdem brachte es mich in eine Einrichtung.

Ich kann nur sagen, dass das nicht inszeniert oder fingiert gewesen ist und keine politischen Hintergründe hatte, sondern dass vielmehr wie die Institutionen mit Anderheit umgehen das ausgelöst hat.

Eine große Schwierigkeit ist, dass im Zuge des Vorgangs ein Präzedenzfall geschaffen worden ist, auf einem solchen Weg Abgeordneten die Immunität zu entziehen. Ich überlege noch, ob ich dagegen noch einmal juristisch vorgehe.

„Where the wild roses grow"

(Otherness und Ordnung)

Mit einer so stigmatisierenden Sache zu leben, macht letztendlich einfach sehr allein. Ich könnte jetzt darüber sprechen, dass es offenkundig eine Lebenskrise gewesen ist, wenn es zu einem Überkreuzungszustand zwischen allen äußeren Kräften und dem Inneren kommt. Aber das käme mir vor wie Ausdruck eines Stockholm-Syndroms, in dem man auf die, die einem das angetan haben, auch noch zugeht. Denn es war ja die Organisation der Gemeinschaft, die mir das angetan hat.

Und doch halte ich es mit dem „Sagen, was ist": das eigene Erleben in den Ausdruck und als Feedback zurück zu geben. Rückmeldung ist die Vorraussetzung von Gelingen im sozialen Miteinander. Dabei hatte ich immer den Eindruck, dass das reine Spiegeln, also die Reflektion der Ereignisse, die bloße Widergabe dessen, was geschehen ist, zu wenig wäre, dass es darauf ankommt, das eigene Erleben dessen, was geschehen ist in den Ausdruck zu bringen. Das ist Antworten. Das ist Rückmeldung. Wir antworten z.B. wenn wir zwinkern.

Ich kann nur sagen, dass es so nicht geht. Meine Antwort ist im Angesicht der Schrecknisse die programmatische Wende. Niemand hat das Recht, anders als im Kontakt, wo es zur Begegnung und Anerkennung, Annahme kommt, über das Bewusstsein eines anderen zu verfügen. Das Bewusstsein, das ist die Welt und da hat jedes das Recht auf eine eigene. Wir können darauf vertrauen, dass jede dieser Welten über die Ganzheit, in der Emergenz verbunden ist. Otherness ist etwas, das wir alle haben: weil wir verschieden sind; genauso, wie wir Gleichheit haben. Das sind sowohl Postulat as auch Erleben unserer Gemeinschaft. Wir haben zwei Möglichkeiten: Otherness mit Liebe belegen oder die Kategorie überkommen, indem Differenz tatsächlich zur gelebten Grundlage unseres Gemeinwesens wird.

Das ist sie nicht. Und so kam es dazu, dass ich dafür, dass ich wenig sprach, an einen Ort gebracht wurde, den man niemandem wünscht.

Sicher ist es die größte Herausforderung, andere Rationalitäten neben der eigenen auszuhalten. Aber es ist eben so, dass das real die Grundlage unseres Lebens ist. Und es macht großen Spaß, weil das Annehmen Liebe ist. Darum ist es so wichtig, sich eines klar zu machen: die Norm ist eine Idee, eine grausame. Sie entsteht, wenn abstrahierend ein Muster über die Wirklichkeit gelegt wird, sei es basierend auf der Idee eines Prinzips von Regelmäßigkeit oder auf programmatischer Basis. Die Norm verkörpert die Idee davon, wie etwas sein soll. Wenn man aber so konstruierend an die Wirklichkeit heran tritt, genügt die niemals. Niemand ist die Norm. Die Norm versagt im Abgleich die Liebe.

Ein Zustand wird als abweichend von den Normen von Gesundheit definiert und zur äußerlichen Behandlung ausgesetzt. Statt von der grundlegenden Verschiedenheit ausgehend jeden Zustand erstmal als seiend und damit grundlegend in Ordnung anzunehmen. Sicher wäre das eine andere Ordnung, die Ordnung der Vielheit, die darauf aufbaut, dass in niemandes Leben und Bewusstsein eingegriffen werden soll.

Psychiatrie? Retreat aus Bestrafung. Eine Art psychologische Zwangseinrichtung, bei dem die Persönlichkeit geshaped werden soll. Das tut die Gemeinschaft Personen an, und das tun Personen sich freiwillig an, weil das Super-Ego in ihnen, das ist die Menge an Konstruktionen der Erwartungen der Gemeinschaft an uns in uns, ihnen sagt, dass sie anders sein sollen als sie sind.

Der darunter liegende Gestus, der da wirkt und den wir überkommen können, ist der der Normativität: der Idee, es gäbe eine Form des Sein-Sollens, eine ideale Verkörperung der Zustände, an der wir uns autoritär zu orientieren haben. Eine solche ideale Urform allen Seins gibt es nicht, tatsächlich hat die

Wahrheit, um die es dabei ja geht, zwei Stufen, wie ich an anderm Ort genauer ausführe: es gibt die personale und die emergente, die eine Wahrheit. Beide informieren einander. Es gibt den idealen Zustand der Dinge, die Norm, die ja im Alltagsgebrauch auch noch mit Durchschnittlichkeit verstanden wird, nicht, weil gerade die Vielheit die Einheit konstituiert.

Normativität ist grausam, weil die Wirklichkeit nie der Norm entspricht. In der Normativität wird die Annahme dessen, was wir vorfinden, verweigert. Und das Annehmen ist doch eigentlich der Ausdruck von, auch politischer, Liebe.

Wer von Normativität spricht, braucht ein sehr ausgefeiltes Verständnis davon, was eine Norm ist. Eine Norm ist ein So sein-Sollen. Anders ist es, von Werten, von Ideen auszugehen, weil da nicht unbedingt ein Sollen enthalten ist. So spreche ich durchaus ideen- und wertebasiert, ohne dabei normativ zu sein. Das wird möglich, wenn wir das

Wünschen der Einzelnen zum Ausgangspunkt nehmen.

Eine Wahl treffen ist immer wachsen

(Über den Stellenwert des Moments)

Eine Wahl glückt, wenn sie in dem Moment, in dem sie reif ist, im ersten Impuls getroffen wird. Meine Frage, ob ich noch mal kandidieren würde, war in einem Moment dran. Wenn wir im ersten Impuls die Wahl treffen, wenn sie reif ist, können wir die inneren Bilder, die wir für beide Optionen entworfen haben, mitnehmen. So geht nichts verloren. Eine Wahl ist eine Wegkreuzung, bei der der Weg leise zu leuchten beginnt, wenn man die Wahl im ersten Impuls getroffen hat, wenn sie reif ist. Wichtig ist, dass jede Wahl unanfechtbar ist, bis es Anlass gibt, sie sich noch einmal vorzulegen.

Es gab den Moment, wo ich jemandem hop oder top sagen sollte. Und ich sah

mich in dem Moment in der Zukunft
schreibend und wusste, dass ich das
Schreiben erkunden wollte und das nicht
in gleicher Weise vermögen würde, wenn
ich noch mal kandidierte; und sagte ab.
Jetzt, da das Schreiben einen Platz in
meinem Leben gefunden hat, überblicke
ich, wie ich meine Zeit auf- und mich
einbringen möchte.

Sotopia

(Erste Worte über die Gegenwart)

Dem Schreiben Platz in meinem Leben zu
geben, war eine großartige Wahl. In der
Zwischenzeit habe ich Texte und
Haltungen entwickelt und ab und an eine
Aktion, eine Petition o.ä. gestartet.
Bei der Linken bin ich noch aktiv
gewesen, z.B. als
Bundesparteitagsdelegierte.

In meinem ganzen Schreiben und Handeln geht es mir um die Entwicklung von Alternativen; davon, wie die Welt einmal wird: Ich weiß, wenn ich sie in die Welt bringe, ist der Anfang gemacht. Ich nenne diese Sichtweise Sotopie, denn Utopia gibt es ja nicht – wo soll das denn sein, nirgendwo? – vielmehr gestalten wir die Welt, wie wir sie eben wünschen. Denn wenn Wünsche Kinder der Wahrheit sind, dann bringt jeder Wunsch schon eine alternative Möglichkeit in die Wirklichkeit.

Ich lebe in Berlin und in einer glücklichen Beziehung. Schreiben und Handeln finden ihren Platz in meinem Leben.